F. QUIÑONES DE LEON

(Marquis d'ALCEDO)

UN ÉPISODE

DES TEMPS

CHEVALERESQUES

BAYONNE

Imprimerie Lamaignère, rue Jacques-Laffitte, 9

1908

Oj
80

F. QUIÑONES DE LEON

(Marquis d'ALCEDO)

UN ÉPISODE

DES TEMPS

CHEVALERESQUES

BAYONNE

Imprimerie Lamaignère, rue Jacques-Laffitte, 9

—

1908

UN ÉPISODE

DES TEMPS CHEVALERESQUES

"EL PASSO HONROSO" [1]

L'institution de la chevalerie exerça une influence des plus décisives à travers tout le Moyen Age.

Exaltant les plus nobles sentiments, elle fut comme la sanction de l'amour idéal, de la protection de l'opprimé, du sentiment de la dignité personnelle. Ce fut surtout dans son sens le plus élevé, la glorification de la femme et de la constance en amour.

L'Eglise, en confirmant solennellement l'Ordre de la Chevalerie vint encore en augmenter le prestige. Ce ne fut plus alors simplement une institution publique, le premier degré du régime féodal, il acquit un caractère essentiellement

(1) Le tournoi d'honneur. « El Passo Honroso » a inspiré un poëme en quatre chants à un descendant des Quiñones de Leon, le célèbre poëte et écrivain, Duc de Rivas.

religieux. Le pouvoir ecclésiastique consacrant le chevalier devant l'autel, lui faisant prêter serment sur les Evangiles de se soumettre aux règles (1) qu'il lui imposait, et bénissant ses armes, lui reconnaissait le droit de rendre justice.

Aussi, à peine les institutions chevaleresques commencent-elles à avoir cours, l'égoïsme et les mobiles exclusivement intéressés font place à l'idée morale ; le sentiment de l'honneur purifie les mœurs, et le courage, la bravoure individuelle portée à son plus haut degré, viennent suppléer à l'inefficacité des lois de répression et à l'insuffisance des tribunaux.

Parallèlement à cette progression ascendante de l'homme dans l'ordre moral, et comme sa conséquence logique, nous voyons la figure de la femme, jusqu'alors un peu effacée dans la pénombre où semblent l'avoir reléguée les premiers siècles de l'ère chrétienne, se dégager chaque jour avec plus de relief et de beauté. Alors apparaissent successivement dans l'histoire de ces temps troublés les nobles silhouettes de la Com-

---

(1) Le nouveau chevalier s'engageait sous serment à ne pas épargner son sang pour la défense de sa religion, de son roi et de sa patrie. Il jurait également de s'employer à la défense des femmes et des orphelins, d'obéir à ses supérieurs, de se montrer toujours courtois, de ne jamais mentir ni manquer à sa parole. Un chevalier ne pouvait pas recevoir de pension d'un prince étranger.

tesse Mathilde, de Blanche de Castille, de Pétronille de Craon, Abbesse de Fontevraut, de la bonne et charmante Elizabeth de Hongrie, Comtesse de Thuringe, et celles de tant d'autres femmes dont l'habile et bienfaisante influence se fait sentir de façon prépondérante dans les sphères où elles rayonnent. Et c'est encore le culte de la femme, relevée par l'esprit chrétien, qui inspire les sentiments héroïques et les hauts faits, poussés jusqu'à l'extravagance, sujets de tous les romans de chevalerie.

Pour ceux qui ont lu « Don Quichotte » la grande vogue dont jouirent pendant quelque temps ces ouvrages (1), n'est pas douteuse, mais le public est généralement porté à croire que les prouesses et les exploits dont ils font le récit sont purement imaginatifs. C'est sans doute, en partie, vrai pour ce qui concerne les chevaliers errants, mais il est avéré que certaines habitudes chevaleresques, dépouillées des formes surannées des

(1) En Espagne, l'engouement arriva à un tel point qu'en 1553 le gouvernement dut intervenir et en interdire l'impression et la vente dans les colonies. Deux ans plus tard, les Cortès étendirent la défense à la métropole et ordonnèrent la recherche de ces ouvrages pour les faire brûler publiquement. Mais ce fut Cervantes qui porta le dernier coup aux romans de chevalerie avec la publication de son immortel chef-d'œuvre.

premiers temps, subsistèrent en Europe longtemps après l'abolition du régime féodal (1).

Quelques-uns de ces usages se conservèrent
en Espagne jusqu'à la fin du XVe siècle.

L'épisode tiré d'une vieille chronique espa-
gnole (2), dont nous allons à grands traits faire le
récit, provoqua en Europe un vif sentiment de
curieuse admiration. Il devait suggérer plus tard
au pittoresque chevalier de la Triste Figure un
argument pour soutenir l'existence d'Amadis des
Gaules, de Palmerin, de Galaor, et de la longue
lignée de preux qui marchèrent sur leurs bri-
sées.

Le lecteur se souvient peut-être qu'après sa
captivité dans la cage enchantée, Don Quichotte,
à peine remis en liberté, soutient une discussion
animée avec le chanoine. Celui-ci s'efforce de le
persuader que les personnages mythiques qu'il se
propose pour modèles ne sont que des fantômes
créés par le fécond cerveau de l'écrivain. La réponse de l'ingénieux hidalgo est un amusant
mélange de bon sens et de déraison. Les créations

(1) Le déclin et la disparition de la chevalerie coïncidè-
rent avec ceux de la féodalité.

(2) *El libro del Passo Honroso, defendido por el exelente
caballero Suero de Quiñones, copilado de un libro de mano
antiguo por Fr. Juan de Pineda, Relijioso de la órden de
San Francisco.*

des romanciers sont placées par lui sur la même
ligne que Roland, le Cid, et autres paladins célè-
bres. « Niez donc, fait dire Cervantes à son héros,
que Don Fernando de Guzman soit allé courir les
aventures en Germanie et qu'il se soit battu en
combat singulier avec Messire Georges, chevalier
de la maison du Duc d'Autriche ! Affirmez aussi,
si le cœur vous en dit, que la joute de Suero de
Quiñones n'est qu'une bonne plaisanterie ! »

C'est de cette joute, qui constitue un des traits
les plus caractéristiques du règne de Jean II de
Castille, que nous voulons entretenir le lecteur.
Nous nous efforcerons de conserver au récit la
forme naïve et laconique qu'il tient du chroniqueur qui fut témoin oculaire du tournoi.

Le gentilhomme qui en prit l'initiative ne
comptait que 25 ans et faisait partie de la maison
de son parent le fameux Connétable, Don Alvaro
de Luna, alors à l'apogée de sa fortune. Don Suero
de Quiñones, c'était son nom, était fils de Don
Diego Hernandez de Quiñones, chef d'une des
plus puissantes (1) familles du royaume, dans

(1) Les Quiñones finirent par s'emparer presque entièrement de la principauté des Asturies. Constamment en ré-
volte contre l'autorité royale, ils étaient maîtres des prin-
cipales villes et forteresses et détenaient tous les honneurs
et les emplois. Leur tyrannie devint insupportable et en

laquelle la charge de « Merino (1) Mayor de Asturias et Leon » était héréditaire (2). Sa mère était Toledo.

Brave jusqu'à la témérité, excellant à tous les exercices du corps, si en honneur à cette époque,

1444 (dix ans après le Passo Honroso), il se tint une Assemblée générale dans la ville d'Avilès, restée fidèle au Roi, pour procéder à leur expulsion de la province (*Telles* ; Nobleza de Asturias, *Carvallo*, Antiguedades de Asturias.)

(1) Le Merino (du latin mayorinus) était en Espagne l'équivalent du gouverneur de province en France. Nommé par le Roi, il exerçait la plus ample autorité sur le territoire à sa charge. A partir du règne de Ferdinand et Isabelle, ils perdirent toute autorité et le nom seul se conserva dans quelques familles illustres à simple titre d'honneur. C'est ainsi qu'au 18e siècle nous voyons un Duc de Frias descendant par les femmes des anciens Merinos Mayores des Asturies, en porter encore le titre.

(2) Pedro Alvarez de Quiñones, 1er Merino Mayor de Asturias.

Suero Perez de Quiñones, 2e MM. de A. — Ares Perez de Quiñones.
1er Seigneur d'ALCEDO † 1326
(Seule ligne où le nom patronymique Quiñones se soit conservé.)

Pedro Suarez de Quiñones, 3e MM. de A. — Leonor Suarez de Quiñones.
Sans descendance.   Diego Hernandez de Quiñones, 4e MM. de A.

Pedro Suarez de Quiñones — *Suero de Quiñones*
5e MM. de A.   Seigneur de NAVIA
Seigneur de LUNA   † sans succession masculine.

(Nobiliario de España, Lopez de Haro).

d'esprit fin et cultivé (1), Don Suero brillait au premier rang à la cour à la fois chevaleresque et littéraire de Jean II, alors dans la 27e année de son règne.

Enchaîné par des liens, sans doute fort doux, à une belle dont le chroniqueur nous tait discrètement le nom (2), il avait fait vœu (3) de porter tous les jeudis, comme signe de cet esclavage, un carcan de fer autour du cou.

(1) Quiñones, comme le Roi et la plupart des seigneurs de sa cour, était poëte. Quelques-unes de ses « canciones » sont parvenues jusqu'à nous. Celle que voici, est tirée du recueil de chansons « Cancionero de S. M. »

> Decid nuevas de mi
> E mirad si habrá pesar
> Por el placer que perdí.
> Contadle mi fortuna
> E la pena en que vivo,
> E decid que soy esquivo,
> Que non curo de ninguna.
> Que tan fermosa la vi
> Que m'oviera de tornar
> Loco el dia que partí.

(2) *Trelles* (Nobleza de Asturias) assure que cette dame, d'une grande beauté, ne serait autre qu'une sœur du premier marquis de Berlanga. Elle s'appelait Leonor de Tovar et Quiñones l'épousa plus tard.

(3) Les vœux de ce genre n'étaient pas rares. En Angleterre, sous le règne d'Edouard III, plusieurs chevaliers portèrent, pendant longtemps, un bandeau sur un de leurs yeux, ayant promis à leurs dames de ne voir que d'un œil tant qu'ils n'auraient pas accompli quelque exploit mémorable.

Désireux de retrouver sa liberté et de se couvrir de gloire aux yeux de la dame de ses pensées, il rêva pour sa rançon l'accomplissement d'un de ces exploits retentissants qui hantaient alors la cervelle de toute cette jeune noblesse assoifée d'héroïque et de merveilleux.

Dans ce but, il résolut de convoquer tous les chevaliers de la Chrétienté afin de se mesurer avec lui dans un tournoi, entièrement organisé à ses frais, et au cours duquel trois cents lances seraient rompues en l'honneur de sa belle.

Ce haut fait une fois accompli, un pèlerinage, en action de grâces, à Compostelle, serait la condition complémentaire de sa rançon.

Chaque combat singulier ne comportant que la rupture de trois lances, Don Suero ne pouvait prétendre à tenir tête à lui tout seul aux nombreux combattants qui, sans aucun doute, se rendraient à son appel. Aussi, bien que très à contre-cœur, dut-il se résigner à choisir quelques gentilshommes pour le seconder comme tenants (1) dans sa périlleuse (2) entreprise. Parmi les amis et parents

(1) Les tenants d'un tournoi entreprenaient de tenir tête contre tout assaillant, c'étaient eux qui ouvraient le carrousel et qui portaient les premiers défis par les cartels qu'ils faisaient publier par les hérauts, avec les conditions de courses et de combats.

(2) Les coups et blessures reçus dans ces joutes étaient souvent mortels. Aussi l'Eglise les condamnait-elle et dès

qui se disputaient à l'envi cet honneur, il en désigna neuf dont voici les noms. C'étaient :

> Lope de Estuñiga. (1)
> Diego de Bazan.
> Pedro de Nava.
> Alvaro de Quiñones. (2)
> Sancho de Ravanal.
> Lope de Aller.
> Diego de Benavides.
> Pedro de los Rios. (3)
> Gomez de Villacorta. (4)

*
* *

Le soir du 1er janvier 1434, le Roi, la Reine Marie, le prince héritier et la cour, se trouvaient

1132 le Concile de Reims s'efforçait d'enrayer ces dangereux divertissements et refusait les prières et la sépulture religieuse à ceux qui y succombaient. En Allemagne, berceau de la chevalerie, 16 chevaliers perdirent la vie en Saxe au cours de la seule année 1175. Un peu plus tard, 42 personnes périrent dans un tournoi célèbre à Neusse, et à Darmstadt, en 1403, une querelle ayant surgi entre les champions de Hesse et de Franconie, elle se termina par une mêlée générale et un véritable carnage.

Godefroy Plantagenet, fils d'Edouard II, Jean de Brandebourg, Frédéric II, comte Palatin, et nombre d'autres princes perdirent aussi la vie à la suite de tournois.

(1) Fils du maréchal de ce nom et petit-fils du Roi de Navarre. Il était cousin de Don Suero et poëte comme lui. Ses poësies sont recueillies dans le « Cancionero de Estuñiga. »

(2) Petit-fils d'un autre Suero de Quiñones.

(3) Neveu du maréchal Diego Fernandez de Cordoba.

(4) Neveu du seigneur d'Alcañices.

réunis au palais de Medina del Campo, où se ce-
lébraient de grandes fêtes et réjouissances en
l'honneur du nouvel an et de la paix dont jouis-
sait en ce moment le royaume. Quelle ne serait
la surprise de la pacifique assemblée lorsque,
héraut en tête, elle vit pénétrer dans la salle de
bal, où se tenait la famille royale, un cortège composé de dix chevaliers armés de pied en cap.
D'un commun accord, les danses s'arrêtèrent et,
à l'étonnement général, Quiñones s'avançant jusqu'au dais où se trouvait assis le Roi, et lui baisant
respectueusement la main, commanda à son héraut Avanguarda de prendre la parole en son nom.
Il exposa par son entremise, au souverain, l'état de
captivité où il se trouvait, son désir de recouvrer
la liberté, et le prix qu'il avait fixé pour sa rançon.
Suppliant le Roi de daigner lui accorder la per-
mission nécessaire à l'accomplissement de son
projet, il soumit à son approbation les règles et
clauses à observer pour la bonne ordonnance du
tournoi, dont le Roi et le connétable ne pourraient
être que simples spectateurs. Séance tenante,
Jean II réunit son Conseil et après une courte dé-
libération, il notifia son consentement.

Quiñones alors s'étant débarrassé avec l'aide
d'un des courtisans de son armet (1), monta les

(1) Petit casque fermé en usage aux temps de la chevalerie.

degrés de l'estrade et se prosternant devant le prince, le remercia en termes chaleureux de la faveur qu'il venait de lui accorder. Il lui exprima l'espoir « *de pouvoir souvent s'employer à son service comme ses ancêtres s'étaient employés à celui des grands princes prédécesseurs du Roi.* » Les dix chevaliers faisant ensuite une grande révérence, allèrent déposer leurs armes et se mêlèrent à la foule des danseurs.

Le bal terminé, lecture fut donnée à haute voix des 22 statuts du carrousel. Plusieurs de ces conditions etant celles généralement observées dans ces divertissements, nous nous bornerons à ne citer que celles offrant le plus d'exception et d'intérêt.

La durée du tournoi serait d'un mois à compter de quinze jours avant la fête de Saint Jacques, et le lieu choisi se trouvait près du Pont d'Orbigo, un peu à l'écart de· la grande route qui mène de Leon à Astorga. C'était la route suivie par les pélerins se rendant à Compostelle (1) et l'année

(1) Les restes de Saint Jacques, patron de l'Espagne sont exposés à Compostelle à la vénération des fidèles. Les Espagnols occupés sur leur propre territoire à l'expulsion des Maures ne prirent pas part aux Croisades et substituèrent au pèlerinage en Terre Sainte celui de Compostelle. Les dévots d'Angleterre et de France l'accomplissaient aussi très fréquemment et en 1154 les pèlerins français qui suivirent l'exemple de leur Roi furent si nombreux qu'à partir de cette date on donna le nom de chemin français à la route qu'ils avaient prise.

1434 étant année de jubilé et de grandes indul-
gences, ce chemin devait être plus particulièrement fréquenté.

Il serait défendu aux jouteurs de faire usage de
boucliers et ils ne pourraient porter qu'une seule
pièce de renfort (1). Les chevaliers qui ne vou-
draient pas se servir de leurs propres armes pourraient en choisir d'autres à leur gré parmi celles
que Quiñones tiendrait à leur disposition, et celles-
ci ne seraient pas de qualité inférieure à celles
employées par les tenants du tournoi.

Chaque combat comporterait la rupture de trois
lances mais la course accompagnée d'effusion de
sang ou de la chute d'un des deux cavaliers comp-
terait comme une lance brisée.

Toute dame noble venant à passer dans le rayon
d'une demi-lieue de la lice se verrait obligée à
abandonner son gant droit, avant de continuer sa
route, à moins de trouver un champion pour le lui
racheter.

Afin d'éviter que quelque assaillant, *« obéissant
à un mobile autre que l'amour exclusif d'une dame »*,
ne prétendît racheter plusieurs gants, il serait interdit de rentrer en lice, les trois lances réglemen-
taires une fois rompues.

(1) Les pièces de renfort étaient des doublures de celles
de l'armure qu'on y adaptait pour les consolider. Le but
des restrictions imposées par Quiñones était de rendre les
rencontres aussi sérieuses que possible.

Suero de Quiñones confierait au roi d'armes les noms de trois dames et il offrait un gros diamant au premier chevalier qui se constituerait en champion de l'une d'elles.

Le choix des adversaires n'était pas permis et les combattants ne devraient connaître leurs noms respectifs qu'à la fin de leur joute.

Tout chevalier désireux de prendre part au Passo devrait décliner aux juges son nom et sa nationalité.

Un hôpital (1) serait installé dans le camp, aux frais de Quiñones, où les malades et les blessés recevraient assistance avec autant de zèle et de soin que s'il se fût agi de Quiñones lui-même.

Celui-ci s'engageait sur l'honneur à arrêter toute poursuite dans le cas où, par malheur, un des tenants recevrait mort ou blessure, au cours du tournoi, de la main d'un des assaillants.

Les gentilshommes qui, se trouvant à proximité d'Orbigo, refuseraient de jouter, seraient dépouillés de l'éperon droit qui ne leur serait rendu qu'après la preuve faite d'avoir pris part, dans la suite, à une entreprise aussi périlleuse que celle du Passo.

---

(1) L'ambulance pourvue de sept infirmières et munie de tout le nécessaire fut installée par les soins de Doña Maria de Toledo, mère de Don Suero.

On désignerait deux juges (1), choisis parmi les chevaliers les plus anciens et les plus respectés, qui recevraient serment d'obéissance des combattants pour tout ce qui concernerait le tournoi, et jureraient, réciproquement, d'observer les lois de la plus stricte équité.

Des notaires leur seraient adjoints pour prendre acte des évènements et en délivrer témoignage écrit à tout chevalier qui en ferait la requête. Enfin, par la dernière clause, Quiñones déclarait que si la dame dont il était le prisonnier venait à passer près d'Orbigo « *elle était bien certaine de perdre son gant, et personne, excepté lui, ne pourrait lui gagner droit de passage, car personne au monde ne saurait la défendre d'aussi grand cœur que lui.* »

Don Suero procéda ensuite à rédiger le cartel qu'il adressait à tous les chevaliers des pays chrétiens et l'ayant signé et scellé de son sceau, il le confia à Leon, roi d'armes du Roi. Celui-ci s'empressa d'expédier aussitôt en toutes directions des hérauts porteurs de copies du défi, et munis de sauf-conduits pour tous ceux qui se rendraient à leur appel.

La plus grande publicité fut ainsi donnée au

(1) Péro Barba et Gomez Arias de Quiñones.

tournoi pendant les six mois qui en précédèrent l'ouverture.

Pendant ce temps, Quiñones s'occupa sans relâche à se pourvoir d'armes et de chevaux, et à faire tout ce qui était nécessaire « *pour mener à bonne fin et avec honneur une si grande entreprise* ».

Ce fut comme nous l'avons dit près d'Orbigo, un peu à l'écart de la grande route qui relie Leon à Astorga, et dans un riant bosquet, qu'il se décida à faire tracer la lice. Entourée d'une palissade de la hauteur d'une lance et garnie de nombreuses tribunes, elle comptait 146 brasses (1) de longueur. Selon le notaire-trésorier, chargé des comptes du tournoi, Pedro Vivas de Laguna, trois cents chariots transportèrent à Orbigo les bois de construction coupés dans les forêts de Luna, Ordas et Valdellamas, domaines du père de notre héros.

Les entrées de la lice, surmontées de luxueuses panoplies formées d'armes, de tapisseries de Flandre et de bannières à l'écusson de Quiñones, étaient placées aux deux extrémités, les tenants et les assaillants devant pénétrer dans l'enceinte en sens opposé.

Un héraut en marbre, œuvre de Nicolas Francès, architecte de la Cathédrale de Leon, fut érigé sur un piédestal à proximité du camp. La main

(1) La brasse avait 1ᵐ, 62.

gauche posée sur la hanche, il indiquait avec la la droite la direction à prendre, déployant une banderolle où se lisait : « Al Passo, » c'est-à-dire « Au tournoi. »

Quiñones fit dresser 22 tentes ; l'une d'elles était exclusivement réservée aux jouteurs pour s'y revêtir de leurs armes : les autres étaient destinées à servir de logements à la multitude accourue de toutes parts pour assister ou prendre part à la fête, ainsi qu'à la légion de musiciens, armuriers, brodeurs, charpentiers, et ouvriers de toute sorte engagés pour les différentes besognes.

Au milieu du camp s'élevait une spacieuse baraque en bois qui devait servir de salle de banquet. L'intérieur en était richement décoré et traversé par un clair ruisseau qu'on avait détourné de son cours afin de maintenir la salle dans un état de perpétuelle fraîcheur. Il s'y trouvait deux tables, l'une pour les jouteurs et l'autre pour les personnes de haut rang (1).

*
* *

Tous ces préparatifs étaient terminés pour la date fixée du 10 juillet, et le matin de ce jour les hérauts (2), ayant procédé à dresser la liste d'en-

(1) Le Roi qui chassait aux environs de Ségovie envoya à Orbigo un de ses secrétaires avec ordre de le tenir journellement au courant des péripéties du Passo.

(2) Le rôle des hérauts, dans les tournois, était très

rôlement, prévinrent Quiñones que trois chevaliers étaient arrivés au pont d'Orbigo désireux
d'entrer en champs clos.

C'étaient Arnold van Rothwalde, brandebour-
geois « *de 27 ans, blond et de belle mine* » et les deux
frères valenciens Mosen Juan et Mosen Pero
Fabla. Comme c'était un samedi, il fut jugé préfé-
rable d'ajourner la joute au lundi suivant. On en
avisa les étrangers et, après les avoir invités à se
dessaisir de leurs éperons droits, il leur fut fait
grand accueil, Quiñones les logeant dans sa propre tente.

Le lendemain dimanche, les dix tenants se rendirent à l'Eglise voisine de Saint-Jean, et après
avoir assisté dévotement à la Messe, ils procédè-
rent à prendre possession de la lice, faisant leur
entrée d'honneur en grande pompe.

Ce fut dans l'ordre suivant. Les musiciens du
Roi, et ceux à la solde des dix chevaliers, jouant
du fifre, de l'atabale (1), et d'autres instruments,

important. Ils devaient rappeler aux combattants les lois
de bonne chevalerie, entre autres à ne jamais diriger
leurs coups contre les chevaux, à ne viser qu'à la tête et à
la poitrine de leurs adversaires, à ne pas blesser le combattant qui relèverait sa visière, etc. Ils séparaient les
adversaires lorsque l'un d'eux n'observait pas les statuts,
annonçaient les noms des combattants et proclamaient
celui du vainqueur.

(1) Espèce de tambour maure.

ouvraient la marche, immédiatement suivis d'un char conduit par un nain et attelé de deux beaux chevaux. Il contenait des lances de différentes dimensions, et garnies de solides pointes en fer de Milan. Ce char était recouvert d'un somptueux parement de brocard bleu et vert, tout brodé de fleurs et d'oiseaux.

Les neuf compagnons de Don Suero venaient ensuite, tous habillés de même : ils portaient des cottes d'armes et des chausses en velours rouge, et des capes bleues sur lesquelles étaient brodés la devise et l'emblème de leur chef. Leurs montures étaient également caparaçonnées de bleu, avec la devise : « *Il faut délibérer* » (1).

Enfin venait Quiñones, monté sur un puissant coursier. Il portait fièrement un magnifique costume composé d'une cotte d'armes en velours et brocard olive, surbrodée en vert plus foncé, d'un manteau de velours bleu, de chausses cramoisies et d'un haut chaperon orné de plumes.

Ses éperons, garnis de molettes à la mode italienne, et l'épée (2), qu'il portait à la main, étaient richement dorés.

(1) C'est-à-dire : « Il faut délivrer. »

(2) Il existe, au musée de la Real Armeria, à Madrid, sous le numéro 188, une épée faussement tenue, jusqu'à nos jours, pour celle du héros du Passo Honroso. Dernièrement, le directeur du Musée, Comte de Valencia de Don

La chaîne symbolique était figurée, brodée en or, sur la manche droite près de l'épaule, et tout autour se lisait, en lettres bleues, l'inscription :

> Si à vous ne plaît de avoyr mesure
> Certes ie dis
> Que ie suis
> Sans venture !

Trois pages montés sur des chevaux caparaçonnés de brocard rouge, avec garniture de martre zibeline, fermaient le cortège. Ils étaient habillés pareillement, aux couleurs et portant la devise de Quiñones, avec la seule différence que tandis que les deux derniers portaient une lance à la main, le premier tenait une épée nue et sur le haut de son casque était figuré un arbre (1) avec des feuil-

Juan, a signalé l'erreur. Cette épée semble plutôt avoir apppartenu à un autre Suero de Quinoñes qui vécut au XVIe siècle. Elle est bien de cette époque et porte sur un côté de la lame le nom du propriétaire et sur le revers on lit, gravé à l'eau forte : « Valme Nuestra Señora ». Que la Vierge me protège.

(1) Dans les tournois, l'accoutrement des chevaliers, l'harnachement de leurs chevaux, et surtout la parure des dames, étaient souvent d'une folle extravagance. Les armes des chevaliers resplendissaient d'or et d'argent, ils portaient à leurs lances des banderolles aux soies voyantes richement brodées, sur leurs poitrines des écharpes aux couleurs et emblèmes de leurs dames. Leurs boucliers étaient ornés de dessins fantastiques représentant des animaux ou des armoiries.

Il n'était pas rare de voir les dames se présenter traî-

les vertes et des pommes d'or. Autour du tronc s'enroulait un serpent, et entre les branches se dressait une épée avec ces mots : « *Le vray ami.* »

Un grand nombre de seigneurs à pied escortaient Quiñones, et quelques-uns pour lui rendre honneur, tenaient la bride de son cheval. C'étaient le frère de l'amiral de Castille, le fils du Comte de Benavente, et celui du Comte de Valencia. L'imposant cortège fit deux fois le tour de la lice et faisant halte à la seconde, devant la tribune occupée par les juges, Quiñones, s'adressant à eux, les supplia de rendre impartialement justice et leur recommanda tout particulièrement les étrangers.

Après que les juges l'eurent courtoisement assuré qu'il en serait fait ainsi, les trois chevaliers qui tenaient son cheval par la bride s'adressèrent à leur tour au tribunal ; le priant de leur accorder une grâce : ils demandaient que si, par malheur, Quiñones était mis hors de combat, l'un d'eux fût désigné pour le remplacer, et ainsi de suite à tour

nant derrière elles leurs adorateurs, couverts de lourdes chaînes, ou portant bien en évidence un bracelet, une boucle de cheveux ou un ornement quelconque détaché de leurs parures. La traîne des robes atteignait parfois jusqu'à 12 brasses de longueur, et les larges manches de leurs corsages très ajustés descendaient jusqu'à terre. Elles portaient aussi des cornes sur leurs coiffures et des escarpins démesurément longs et pointus.

de rôle pour les trois. Les juges ne crurent pas pouvoir accéder à leur demande, les neuf chevaliers tenants leur ayant rappelé que l'autorisation royale n'avait été accordée que pour eux.

*
* *

Le lundi matin, les tenants entendirent la Messe dans la chapelle que Quiñones avait fait disposer dans le camp et qu'il avait pourvue de tous les ornements nécessaires, ainsi que de nombreuses reliques.

Leurs dévotions terminées, ils s'armèrent en présence des juges qui se rendirent ensuite à la tente du chevalier allemand pour assister à sa toilette d'armes. Il s'était blessé à la main mais se déclara « *volontiers prêt à mourir plutôt que de renoncer à la joute* ». Son cheval, bien que jugé supérieur à celui de Don Suero, fut accepté, ses armes approuvées, et son éperon lui fut alors rendu.

Mais, avant de donner le signal convenu, une compagnie de soldats fut alignée dans le champ clos pour veiller à l'ordre, et l'on disposa des faisceaux de lances où chaque jouteur pourrait choisir celles à sa convenance.

Les combattants, escortés de nombreux amis, et précédés de leurs propres musiciens, firent alors leur entrée dans la lice par les deux portes opposées, et défense fut faite au public de parler à voix haute ou de faire des signes : toute infraction à cet ordre devant être punie par l'amputation de la langue ou de la main.

Les trompettes sonnèrent alors la charge, et au cri poussé par les hérauts de « *Laissez aller, laissez aller, é fair son deber* », les deux chevaliers, la lance en arrêt, se chargèrent avec furie. La lance de Quiñones rencontrant la hampe de celle de son adversaire lui arracha le gantelet droit et se cassa par la moitié. L'Allemand heurta Don Suero au brassard gauche dont il emporta une pièce mais sa lance resta intacte.

A la seconde course, Quiñones frappa Messire Arnold à la partie supérieure du plastron et le fer pénétra sous l'aisselle. L'Allemand perdit son brassard et ayant poussé un grand cri tout le mondele tint pour blessé. Il n'en était pourtant rien et sa lance atteignant Quiñones sur le devant du heaume se brisa près du fer. Ils se rencontrèrent jusqu'à six fois avant de rompre les trois lances prescrites.

Se débarrassant alors de leurs armes, en présence du public, ils regagnèrent leurs tentes et l'étranger fut courtoisement invité à souper à la table de Don Suero.

Cependant celui-ci n'ayant pas été blessé, les

deux frères valenciens crurent pouvoir exiger qu'il rentrât sans délai dans la lice pour se mesurer avec eux. Sous prétexte qu'on leur avait promis le choix des armes ils émettaient aussi la prétention que Quiñones leur cédât celles dont il venait de se servir ainsi que son cheval. Le généreux chevalier était tout disposé à le faire, mais les juges, indignés, le lui interdirent et il dut se borner à leur prêter ses armes et à soumettre à leur choix quatre chevaux, triés parmi les meilleurs de son écurie. Du reste le règlement du tournoi défendait de désigner son adversaire, et Lope de Estuñiga, dont c'était le tour, se refusa à le céder à son cousin. Quiñones pour l'y décider alla jusqu'à lui offrir un très beau cheval et une chaîne en or qui valait bien 300 doublons. Ce fut en vain, Estuñiga l'assurant *« que le don d'une ville ne lui ferait pas céder son tour »*.

A l'heure de vêpre, et après l'inspection de leurs armes et de leurs chevaux, Estuñiga et Fabla, somptueusement équipés, et accompagnés de pages portant leurs épées et leurs lances, pénètrent dans le champ clos. Comme dans la joute précédente, ils s'élancèrent l'un contre l'autre la lance en arrêt et luttèrent avec des chances diverses, ne s'arrêtant qu'à la tombée de la nuit, à la dix-neuvième course. A la cinquième il se produisit un incident qui impressionna les spec-

tateurs. Un des écuyers d'Estuñiga qui suivait la
joute de son maître avec enthousiasme ne put
réprimer le cri de « Sus ! Sus ! A lui ! A lui ! »
Il fut aussitôt condamné à avoir la langue coupée ;
mais sur les instances des dames présentes les
juges consentirent à adoucir leur sentence et le
trop zélé serviteur en fut quitte pour trente coups
de verges et la prison.

Sur ces entrefaites, la nuit étant venue, la lice
fut close pour ce jour et, comme l'avait fait son
capitaine, Estuñiga convia son adversaire à souper
avec lui et avec les principaux personnages présents. La soirée se termina par un bal et d'autres
réjouissances.

*
* *

Les joutes de la deuxième journée ne furent,
avec de légères variantes, que la répétition des
précédentes. Les tenants, nous dit le chroniqueur,
« défendant le champ avec honneur et intrépidité ».

Le troisième jour, les juges ayant été prévenus
que deux dames faisaient route à proximité
d'Orbigo, ils leur dépêchèrent aussitôt le roi
d'armes afin de s'assurer si elles étaient nobles
et escortées de chevaliers disposés à leur gagner passage. Elles répondirent qu'elles étaient
de noble naissance et s'appelaient Doña Leonor et
Doña Guiomar de la Vega. Sous la protection du

mari de la première, elles se rendaient en pèlerinage à Compostelle. Le mari de Doña Leonor affirma qu'ignorant du tournoi il n'était pas préparé à y prendre part, mais que si l'on consentait à rendre aux dames les gants qui leur avaient été réclamés, il reviendrait pour en payer la rançon sitôt leur pèlerinage accompli. Un chevalier aragonais s'offrit à servir de champion aux deux étrangères, mais les juges ne voulurent rien entendre et ne leur permirent de continuer leur route qu'en relenant leurs gants en gage. Plus tard par égard à la courtoise réponse du gentilhomme, et au pieux motif de leur voyage, ils changèrent d'avis et expédièrent un courrier, porteur des gants, rejoindre les voyageuses à Astorga.

Le 16 juillet, le chevalier Francisco Davio (celui qui s'était présenté pour les dames de la Vega) jouta avec Lope de Estuñiga. *« Ils s'en tirèrent tous les deux à leur grand honneur et, au moment de quitter leurs armes, Davio jura de façon à être entendu de tous les présents que plus jamais il n'aurait d'intrigue amoureuse avec une nonne, car c'était l'amour d'une religieuse qui l'avait entrainé au Passo et si, ce fait venant à être connu, quelqu'un l'eût accusé de sacrilège il n'aurait pu s'en défendre et aurait dû se reconnaître indigne de prendre part à la lutte. »* Sur quoi le pieux chroniqueur de s'exclamer *« que si Mosen Francis Davio avait eu*

*l'ombre de noblesse chrétienne, ou la pudeur natu-
relle qui nous pousse à cacher nos honteuses faibles-
ses, il n'aurait pas divulgué un fait aussi scandaleux
et aussi injurieux pour notre Rédempteur. »*

Le même jour les hérauts annoncèrent qu'un
gentilhomme appartenant à Ruy Diaz de Mendoza,
majordome du Roi, souhaitait entrer en lice. Il
se nommait Vasco de Barrionnevo ; mais n'ayant
pas encore été armé chevalier il priait Quiñones
de vouloir bien lui faire cet honneur. Celui-ci y
consentit volontiers et suivi d'une grande foule
se rendit à pied à sa rencontre. S'étant enquis si
Vasco voulait entrer dans l'Ordre, sur sa réponse
affirmative, il tira son épée du fourreau et, lui
ayant fait faire les serments d'usage, lui donna
l'accolade en disant : « Puisses-tu avec l'aide de
Dieu devenir un bon chevalier et vivre et mourir
comme tel ». Barrionnevo rompit ensuite trois
lances avec Pedro de los Rios.

*
* *

Le 25 juillet, fête de Saint-Jacques, patron
de l'Espagne, Quiñones se présenta aux juges
dépourvu de trois pièces de son armure, à savoir :
la visière, l'avant-bras gauche et le devant de sa
cuirasse. Il leur exposa qu'il avait promis pour
ce jour la présence au tournoi de trois chevaliers,

dépourvus chacun d'une pièce de l'armure, et disposés à jouter avec tout assaillant. Il entendait tenir sa parole et, ainsi désarmé, représenter à lui tout seul ces trois chevaliers. Les statuts ne reconnaissant qu'aux assaillants le droit d'imposer le combat en de pareilles conditions, la téméraire démarche de Quiñones constituait une infraction aux ordonnances, qui fut punie sévèrement. Les juges, après l'avoir réprimandé, descendirent dans la lice et, saisissant sa monture par la bride, ils livrèrent le récalcitrant cavalier aux mains des hérauts avec ordre de le consigner aux arrêts dans sa tente. Quiñones, fort courroucé, prenait à témoins tous les présents de la violence qui lui était faite, protestant hautement et disant qu'il en appellerait jusqu'au Roi. Sans faire cas de ses récriminations ni de ses prières le chevalier fut reconduit dans sa tente, et comme passant devant les musiciens ceux-ci commençaient à jouer de leurs instruments en son honneur il leur fut enjoint de se taire sous peine d'être aussi jetés en prison. La proposition que Quiñones fit aux juges, par l'entremise de son héraut, de réunir un conseil pour résoudre le différend, ne fit que les irriter davantage et sous prétexte que c'était jour de fête, les joutes furent remises au lendemain. Les juges rendirent cependant visite au prisonnier, mais bien que renouvelant ses instances, il leur assura *« que pour l'amour d'une dame il était allé à Grenade guerroyer contre les Maures avec son bras droit à découvert, et que Dieu qui l'avait alors préservé de tout mal le protégerait aussi maintenant »* ils ne se laissèrent pas fléchir.

Quelques jours plus tard, le 31 juillet, il se présenta au Passo, un individu disant se nommer Pedro de Torrecilla. La rumeur ayant couru qu'il n'était pas gentilhomme, personne ne voulut relever son cartel. Lope de Estuñiga s'offrit alors généreusement à l'armer chevalier. L'étranger, tout en s'en montrant fort touché, déclina cette offre, alléguant que son peu de fortune ne lui permettait pas de tenir ce rang avec la dignité qu'il convenait, mais que, quant à sa naissance, il se faisait fort de bien la prouver à tous, en combattant à pied ou à cheval, avec ou sans armes.

Estuñiga fut *« si transporté d'aise en entendant cette hardie reponse »* que s'armant sur-le-champ il descendit dans la lice et jouta jusqu'au soir avec lui. Leur rencontre terminée ils relevèrent leurs visières afin de faire connaissance et d'échanger quelques courtoisies, comme c'était l'habitude. Torrecilla (1) remercia Estuñiga du grand honneur qu'il lui avait fait, protestant que de sa

(1) Pareille condescendance est un fait très rare pour l'époque. Un siècle plus tard, Bayard refusa de monter à l'assaut en compagnie de simples lansquenets.

vie il n'en avait reçu de pareil. Il lui jura une
éternelle reconnaissance et une entière dévotion
à sa personne. Estuñiga de son côté « *l'assura
qu'il n'aurait pu se considérer plus honoré, eût-il
jouté avec un empereur* ».

On leva les arrêts de Quiñones et il prit de
nouveau part aux joutes. Celles-ci se poursuivaient
sans interruption ; chaque jour de nouveaux
chevaliers accouraient de tous côtés, désireux
de gagner leur part de gloire au célèbre tournoi.

Vers la fin, le 2 août, il se produisit un fait
assez plaisant qui donne une idée de l'esprit
d'émulation qui régnait dans le camp du Passo
Honroso. Un trompette lombard, qui revenait de
Compostelle, ayant ouï dire que le trompette du
roi de Castille, nommé Dalmau et fort renommé,
se trouvait à Orbigo, fit un détour de 30 lieues
pour aller le trouver et lui porter un défi. Il pro-
posait de sonner à tour de rôle en échangeant leurs
instruments et, celui des deux musiciens qui
serait reconnu le plus habile pourrait choisir la
trompette la plus à son gré parmi celles appartenant à son rival. Dalmau accepta de fort bonne
grâce, mais l'italien eut beau faire de son mieux,
il dut reconnaître sa défaite. Non seulement
Dalmau renonça au prix auquel il avait droit,

mais, suivant l'exemple des chevaliers, il offrit l'hospitalité à son adversaire et lui fit faire très bonne chère.

La répétition des rencontres commençait à mettre fort à l'épreuve non l'intrépidité indomptable de Quiñones et de ses compagnons, mais leur force de résistance. Ils avaient tous reçu des blessures plus ou moins graves et leur vaillant capitaine en avait sa large part. Un jour, la joute terminée, et tandis qu'on l'aidait à se débarrasser de son armure on s'aperçut qu'il avait dissimulé une large blessure reçue dès le commencement de la lutte et par laquelle il perdait son sang avec abondance. Une autre fois ayant rompu trois lances et comme il se disposait à quitter la lice il supplia les juges de le dispenser de continuer à jouter ce jour-là, le poignet qu'il s'était disloqué peu de temps auparavant le faisant cruellement souffrir. On constata que les chairs étaient déchirées et que tout le bras semblait paralysé. Il advint aussi un jour que la lance de l'adversaire de Don Suero pénétrant dans son casque s'y brisa. On le vit s'efforcer en vain d'en arracher le fragment et les spectateurs le crurent mortellement atteint. Mais couvrant les clameurs de la foule en s'écriant d'une voix retentissante : « *Ce n'est rien, ce n'est rien, Quiñones ! Quiñones !* » il chargea de nouveau et continua le combat. Après trois cour ses, les juges descendirent dans la lice et constatèrent qu'il était sain et sauf, « *ce qui fit crier tout le monde au miracle* ».

Cependant il ne s'était encore produit aucun accident mortel, lorsque, le 6 août, Alvaro de Quiñones entra én lice avec un chevalier aragonais, nommé Herbert de Claramunt.

« Plùt au ciel, s'écrie le chroniqueur, que l'infortuné aragonais n'eùt pas pris le chemin d'Orbigo ! ». Car, à la quatrième course, le fer d'Alvaro lui crevant l'œil gauche, pénétra dans sa cervelle. La violence du choc fut telle que la lance de Claramunt heurtant contre le sol s'y brisa et le cavalier tombé à la renverse sur le dos de sa monture, après avoir fait ainsi le tour de la lice, s'affaissa par terre et expira sans avoir pu proférer une parole En lui retirant son casque l'on vit *« que l'œil droit était gros comme un œuf et que sa figure semblait celle d'un homme mort depuis plusieurs heures »*.

Au milieu du deuil et de la consternation générale, Quiñones, fort attristé de cette catastrophe, voulut faire célébrer les funérailles du malheureux chevalier avec toute la pompe possible. Mais son chagrin ne fit que s'accroître lorsque, malgré toutes ses instances, son chapelain et les moines qui se trouvaient là, se refusèrent à réciter les prières des morts, selon les rites de l'Eglise, et à procéder à l'enterrement religieux. Don Suero obtint à grand'peine de son confesseur qu'il se rendît auprès de l'Evêque d'As orga pour essayer d'atténuer les rigueurs ecclésiastiques et implorer son autorisation pour la sépulture en terrain consacré. Il s'offrit à faire transporter le corps à Leon et à le faire ensevelir dans la chapelle (1) de sa famille. Le messager revint sans avoir vu exaucer sa requête et il fallut creuser la fosse dans un champ voisin.

Le terme d'un mois fixé pour la durée du tournoi tirait heureusement à sa fin, car Quiñones, aussi bien que ses intrépides compagnons, se serait bientôt trouvé hors d'état de tenir plus longtemps. Le 9 août, jour de la clôture, il ne restait sur pied que deux chevaliers, les huit autres minés par la fièvre ou perclus par suite de leurs blessures se trouvaient hors de combat.

Sancho de Ravanal et Estuñiga tinrent le champ jusqu'au soir et, au grand mécontentement des étrangers assaillants qui avaient attendu vainement leur tour de jouter, les juges déclarèrent solennellement le tournoi terminé. Quiñones et ses compagnons firent alors le tour de la lice dans le même ordre que le jour de l'ouverture et s'ar-

(1) La chapelle des Quiñones existe toujours dans l'Eglise de San Isidro, de la ville de Leon. Elle est actuellement sous le patronage des Ducs de Frias.

rêtant devant le tribunal, Quiñones prononça une courte allocution rappelant les conditions du tournoi, la raison qui l'avait motivé et suppliant les juges de lui rendre sa liberté s'ils reconnaissaient qu'il avait satisfait la rançon convenue. *« Les juges furent d'avis qu'il avait tenu tous ses engagements sauf le nombre de lances à rompre qui n'avait pu être atteint faute de temps. »* Quiñones fut alors délivré par le roi d'armes de son carcan de fer, et la journée se termina dans l'allégresse et les réjouissances.

Le lendemain les dix chevaliers, précédés de musiciens à la livrée de leur vaillant capitaine, montèrent en selle et prirent la route de Leon. La ville en masse se porta à leur rencontre. Escortée des magistrats et des principaux habitants, la cavalcade mit pied à terre devant la cathédrale et après avoir rendu leurs actions de grâces, les chevaliers se rendirent au palais de Quiñones où ils furent magnifiquement traités jusqu'au 15 août. Après quoi la petite troupe se dispersa non sans avoir reçu des mains de son généreux chef de riches présents en armes, en bijoux et autres effets précieux. Don Suero fit don au roi d'armes de la moitié de sa vaisselle d'argent, et les musiciens, armuriers et autres ouvriers employés au tournoi, furent tous largement rétribués.

Quiñones se rendit alors auprès de ses parents

et il y resta jusqu'au moment où la guérison de ses blessures lui permit d'entreprendre le pèlerinage de Compostelle, condition complémentaire de sa rançon.

*
* *

Peu de temps après l'heureux dénouement du Passo Honroso, Don Suero épousa Doña Leonor de Tovar, mais le mariage ne semble pas avoir assagi le turbulent chevalier.

Sa fortune passa par des phases diverses. Malgré les liens qui l'unissaient à son ancien protecteur et ami, le Connétable, il prit part à la conspiration ourdie par les grands pour renverser le tout-puissant favori. La conspiration avortée, il subit le sort des autres révoltés. Ses biens furent mis sous séquestre et, condamné à l'exil comme rebelle, il lui fut interdit sous peine de mort de rentrer dans le royaume. Plus tard, grâce à l'intervention du prince héritier, qui s'était toujours intéressé à lui, il obtint son pardon et la restitution de son fief de Navia. Mais deux ans après, redevenu suspect, il fut jeté en prison dans la forteresse de Castilnovo (1). Don Suero y lan-

(1) Le château de Castilnovo, dont les ruines grandioses existent encore, se trouvait dans la ville de Pedraxa, province de Ségovie. Il appartenait aux Connétables de

guit pendant quelque temps, le Roi de Navarre,
son ami, n'ayant pu obtenir l'échange de sa personne contre celle du Duc de Medinaceli qu'il
détenait prisonnier. Pourtant en 1454 nous re-
trouvons Quiñones en liberté et assistant à la
signature du pacte conclu entre le Roi de Navarre et le Prince de Viana, son fils. Ce ne fut
que lors de l'amnistie qui suivit l'avènement
d'Henri IV de Castille que Don Suero obtint sa
grâce définitive et la dévolution de tous ses biens
et honneurs. Il vivait paisiblement dans ses ter-
res lorsqu'en 1458 Gutierre de Quijada (un des
seigneurs qui avaient pris part au Passo Honroso)
l'attira, ainsi que son escorte, dans une embuscade.
Quiñones tomba mortellement frappé dès le début
de l'action. Il n'avait que quarante-neuf ans au
moment de cette fin obscure et nous savons par
le testament de sa femme (1) que ses restes furent
transportés à Leon pour être ensevelis dans le
couvent de Franciscains de cette ville.

Castille, et c'est là, qu'un siècle après ce récit, furent con-
duits en otages les fils de François Ier, après le traité de
Madrid.

(1) Les généalogistes ne reconnaissent à Suero de Quiñones d'autre descendance légitime qu'une fille qui épousa
le seigneur de Grajal. Cependant l'auteur a trouvé parmi
ses papiers de famille des pièces prouvant l'existence d'un
fils, né du mariage de Quiñones avec Leonor de Tovar, et
qui survécut à son père.

BAYONNE

Imprimerie A. LAMAIGNÈRE.

9 782019 170806